PAIDEIA
ÉDUCATION

ANTOINE DE SAINT-EXUPÉRY

Le Petit Prince

Analyse littéraire

© Paideia éducation.

22 rue Gabrielle Josserand - 93500 Pantin.

ISBN 978-2-7593-0418-9

Dépôt légal : Juin 2023

Impression Books on Demand GmbH
In de Tarpen 42

22848 Norderstedt, Allemagne

SOMMAIRE

- Biographie d'Antoine de Saint-Exupéry 9

- Présentation du *Petit Prince* 13

- Résumé du roman 17

- Les raisons du succès 25

- Les thèmes principaux 29

- Étude du mouvement littéraire 33

- Dans la même collection 37

BIOGRAPHIE D'ANTOINE DE SAINT-EXUPÉRY

Antoine de Saint-Exupéry naît le 29 juin 1900 à Lyon, 8 rue du Peyrat (la rue Alphonse Fochier aujourd'hui). Il est le troisième d'une famille de cinq enfants. Ses parents sont le Comte Jean-Marie de Saint-Exupéry et Marie Boyer de Fonscolombe. Il a deux sœurs aînées : Marie-Madeleine (1898) et Simone (1899), un frère François (1903) et une sœur cadette Gabrielle (1904). En 1904, son père meurt. Très proche de sa mère, Saint-Exupéry est beaucoup influencé par sa sensibilité et sa culture. En 1909, la famille s'installe au Mans. Il suit ses études au Collège Notre-Dame de Sainte-Croix. Saint-Exupéry est un élève mi-rêveur, mi-dissipé. La discipline est stricte et il est souvent puni pour sa nonchalance ou son désordre.

En vacances à Saint-Maurice-de-Remens, Saint-Exupéry est fasciné par l'aérodrome d'Ambérieu. Cette expérience l'émeut et sa passion pour les avions ne le quittera plus. En juin 1914, il obtient le prix de narration pour l'une de ses rédactions. Pendant la Première Guerre mondiale, sa mère, en tant qu'infirmière-chef, fait venir ses enfants et les inscrit au Collège Notre-Dame de Montgré. En février 1915, Antoine et son frère François reviennent à Sainte-Croix, au Mans, mais sa santé fragile le force à rentrer chez lui avant la fin de l'année scolaire. Saint-Exupéry obtient son baccalauréat en 1917 et entre au Lycée Saint-Louis pour préparer le concours d'entrée de l'École navale. Deux ans après, il n'est pas accepté. Il commence alors l'école des beaux-arts dans la section architecture en tant qu'auditeur libre.

Au printemps 1921, Antoine effectue son service militaire à Strasbourg dans l'armée de l'air. En janvier 1922, il est à Istres comme élève officier de réserve. Il est reçu pilote militaire et promu caporal. En octobre, il est promu sous-lieutenant de réserve. En avril 1926, il publie une de ses nouvelles, *L'Aviateur*, dans la revue *Le Navire d'argent*. Il quitte la maison Saurer pour un poste de moniteur à la Compagnie Aérienne Française. En juin, Saint-Exupéry perd sa sœur aînée, Marie-Madeleine, frappée de tuberculose. En octobre 1927, il est nommé chef d'escale de Cap Juby, dans le sud marocain, et en 1929, il commence à écrire *Vol de nuit*. Le 7 avril 1930, Saint-Exupéry est nommé chevalier de la Légion d'honneur au titre de l'aéronautique civile. En janvier 1931, il rentre à Paris. En mars, il épouse Consuelo Suncin. En décembre, *Vol de nuit*, préfacé par André Gide, obtient le prix Femina. Ce roman aura un immense succès. Ayant quitté l'Aéropostale, il multiplie conférences et activités journalistiques. En 1939, il publie *Terre des hommes*, un texte autobiographique. Pilote jusqu'en juin 1940, il s'exile alors aux États-Unis, d'où il publie *Pilote de guerre* (1942), témoignage de son expérience du front. En février 1943, il publie *Lettre à un otage*. Le 6 avril paraît *Le Petit Prince*. En 1944, à force d'insistance pour reprendre du service, il est réintégré dans le groupe 2/33 qui se trouve maintenant en Corse, à condition de ne pas accomplir plus de cinq missions. Le 31 juillet, il s'envole pour une mission de reconnaissance sur Grenoble et Annecy : il décolle à 8 heures 45 et dispose de 6 heures d'autonomie d'essence. On présume que son avion a été abattu, mais on ne l'a jamais retrouvé.

PRÉSENTATION DU PETIT PRINCE

Le Petit Prince est l'œuvre la plus connue d'Antoine de Saint-Exupéry. Elle est d'abord publiée aux États-Unis en 1943, puis en France à titre posthume en 1946. Dans le désert du Sahara, le narrateur, qui est un pilote, fait la connaissance d'un petit garçon venu d'une autre planète. Petit à petit, le narrateur apprend que le petit garçon est un prince qui s'est enfui de sa propre planète à cause d'une rose unique, qu'il aime beaucoup mais qui le rend malheureux, parce qu'elle est très orgueilleuse et le commande tout le temps. Pendant son voyage autour de l'univers, le petit garçon rend visite à plusieurs planètes où il fait la connaissance de grandes personnes différentes : un roi, un vaniteux, un buveur, etc. Finalement, il arrive sur Terre dans le désert en Afrique. Quand il y voit de nombreuses roses toutes comme la sienne, il se sent stupéfait et triste, parce que maintenant il sait que sa rose lui a menti et qu'elle n'est pas unique du tout. C'est seulement avec l'aide d'un renard qu'il apprend que le temps qu'il a investi pour sa rose la rend unique. Ainsi, il comprend l'importance de sa fleur et décide de rentrer sur sa planète. Ce récit suscite de nombreuses réflexions philosophiques sur l'amour, sur la vie et la mort, sur l'humanité.

RÉSUMÉ DU ROMAN

Chapitre I

Le narrateur raconte son enfance. Petit, il dessinait des figures mystérieuses qui demandaient que l'on imagine ce qu'elles étaient plutôt qu'on les décrive objectivement.

Chapitre II

Le narrateur rencontre le petit prince dans le désert du Sahara après un accident d'avion. Le petit prince lui demande de dessiner un mouton. Il finit par y parvenir en dessinant une boîte.

Chapitre III

Le narrateur veut savoir l'origine de l'enfant, mais il le lui demande en vain.

Chapitre IV

En parlant avec le jeune garçon, le narrateur apprend qu'il habite sur une petite planète et qu'il a besoin d'un ami.

Chapitre V

Le petit prince informe le narrateur qu'il y a sur sa planète de bonnes et mauvaises plantes, lesquelles sont des baobabs. Il faut enlever ces dernières. Le mouton permet de les éliminer.

Chapitre VI

Le narrateur apprend que le petit prince aime les couchers de soleil.

Chapitre VII

Le petit prince parle de fleurs avec le pilote. Il se souvient de la question des épines et il s'inquiète sur leurs capacités à se défendre.

Chapitre VIII

Le petit prince raconte l'histoire de sa fleur. Une belle fleur est née sur sa planète. Mais elle est malheureusement vaniteuse et fait culpabiliser l'enfant. C'est pourquoi il a décidé de partir.

Chapitre IX

Le départ. Le petit prince met en ordre sa planète et part.

Chapitre X

Sur la première planète qu'il visite, le petit prince rencontre le roi, qui prend tout le monde pour ses sujets. Il ne parvient qu'à donner des ordres.

Chapitre XI

Sur la deuxième planète, le petit prince rencontre le vaniteux. Ce personnage n'attend d'autrui qu'une attitude admirative. Autre forme de narcissisme maladif.

Chapitre XII

Sur la troisième planète, le petit prince rencontre le buveur. Il s'étonne de la médiocrité suicidaire de certains hommes. Le buveur boit pour oublier, oublier qu'il a honte, honte de boire.

Chapitre XIII

Sur la quatrième planète, le petit prince rencontre le businessman. Il ne fait que travailler, veut posséder les étoiles sans leur être utile.

Chapitre XIV

Sur la cinquième planète, le petit prince rencontre l'allumeur de réverbères. Il trouve que cet homme est le seul personnage qui n'est pas ridicule dans la mesure où il s'occupe d'autre chose que de lui-même. Tous les personnages précédents sont des figures narcissiques, complètement rivées sur leur ego, ce qui est complètement idiot selon le petit prince.

Chapitre XV

Sur la sixième planète, le petit prince rencontre le géographe. Le géographe ne fait que recenser les montagnes, les mers, etc. Il ne voyage pas. Il se distingue de l'explorateur. Il n'expérimente pas les choses donc il n'a qu'un savoir abstrait.

Chapitre XVI

Sur la septième planète, la Terre, il y a tous les types de personnages narcissiques énumérés auparavant : rois, vaniteux, buveurs et businessman. Les allumeurs de réverbères ont disparu.

Chapitre XVII

Le petit prince rencontre le serpent. Il comprend que la Terre est grande et que les hommes n'en occupent qu'une partie infime, quand bien même ils se croient importants. Le serpent est fort du fait qu'il peut tuer, renvoyer à la terre des êtres vivants plus grands que lui. Il respecte le petit prince.

Chapitre XVIII

Une fleur à trois pétales qui semble attirante pour l'enfant lui dit n'avoir vu qu'une fois six ou sept hommes. La Terre est décidément aussi vaste que désertique.

Chapitre XIX

Le petit prince monte sur une montagne et appelle l'altérité. Seul l'écho vide lui répond. Il apprend par la suite que les hommes habitant sur la Terre manquent d'imagination et que la Terre est vide : « Chez moi, j'avais une fleur. Elle parlait toujours la première... »

Chapitre XX

Le petit prince passe dans un jardin plein de roses pareilles à la sienne. Il est triste de se rendre compte que sa rose est banale, semblable à des milliers d'autres, interchangeable.

Chapitre XXI

Le petit prince fait la connaissance du renard. Le renard lui apprend qu'il faut apprivoiser un ami progressivement, et qu'en faisant cela, on se lie à lui et qu'on pleurera lorsqu'on le quittera. Apprivoiser un ami le rend unique et précieux. Ce sont toutes les attentions portées à son ami tout le temps que l'on a passé avec lui qui le rendent précieux. On ne voit bien qu'avec le cœur, l'essentiel est invisible pour les yeux.

Chapitre XXII

Le petit prince rencontre un aiguilleur de trains. Il apprend que la vie des grandes personnes est absurde. Seuls les enfants sont curieux et savent apprécier la vie.

Chapitre XXIII

Le petit prince rencontre un marchand qui vend des pilules contre la soif, ce qui permet d'économiser le temps que l'on prend habituellement pour boire. Mais les hommes ne savent pas quoi faire de ce temps libéré.

Chapitre XXIV

Le huitième jour de la panne dans le désert, le pilote et le petit prince se mettent en quête d'un puits. Ils en découvrent un.

Chapitre XXV

Ils boivent de l'eau. Le petit prince laisse entendre qu'il va bientôt partir, parce qu'il connaît l'importance des sentiments du cœur et de l'attachement, grâce aux enseignements du renard.

Chapitre XXVI

Un serpent pique le petit prince pour lui permettre de rejoindre sa planète. Celui-ci explique au pilote en quoi sa disparition va pouvoir être vécue positivement, dans une joie profonde. Il lui dit qu'il sera toujours là, vivant parmi les étoiles, qui seront les grelots de la joie.

Chapitre XXVII

Le narrateur sait que le petit prince a rejoint sa planète, car il n'a pas retrouvé son corps. La nuit, il aime écouter les grelots des étoiles. Il se sent responsable de celui qu'il a apprivoisé, et de son bonheur. Il ressent le souci qu'a connu la fleur du petit prince. C'est habité par ce vif sentiment de relation à un ami absent qu'il regarde le ciel dans la nuit.

LES RAISONS
DU SUCCÈS

Le Petit Prince a paru tout d'abord en 1943 aux États-Unis, à la fois en français et en anglais. Récit poétique plein d'humour et d'humanité, ce roman, le plus célèbre d'Antoine de Saint-Exupéry, rencontre un grand succès. En 1946, *Le Petit Prince* est publié pour la première fois en France aux éditions Gallimard. Puis, le roman est décliné dans toutes les langues dès la fin des années 1940. Il est aujourd'hui disponible dans 220 langues et dialectes, et nombreuses sont les langues où circulent plusieurs traductions. Seuls la Bible ou le Coran connaissent autant de traductions. 134 millions d'exemplaires ont été vendus, on compte plus de 300 millions de lecteurs dans le monde entier. *Le Petit Prince* est devenu un classique de la littérature française, son jeune héros est une icône populaire aimée par des millions de lecteurs dans le monde.

L'histoire du petit prince est écrite pendant la Seconde Guerre mondiale. Le poids des événements historiques oriente la littérature de la première moitié du XXe siècle, surtout le roman, vers l'engagement en exaltant les héros politiques et guerriers. C'est le cas de *La Condition humaine* (1933) ou de *L'Espoir* (1937) d'André Malraux, de *La Peste* d'Albert Camus, mais aussi de *Vol de nuit* (1931) ou de *Terre des hommes* (1939) d'Antoine de Saint-Exupéry. À l'opposé apparaît le type de l'antihéros, tel le Bardamu de Louis-Ferdinand Céline, ballotté par les événements et confronté au non-sens du monde oppresseur des faibles, dans *Voyage au bout de la nuit* (1932).

À l'inverse de *Vol de nuit* (1931) ou de *Terre des hommes* (1939), *Le Petit Prince* s'engage, dans une certaine mesure, dans une quête sur le sens de la vie et du monde. Il semble que l'on ait besoin, après les deux grandes guerres du XXe siècle, de s'évader dans des histoires imaginaires pour oublier le malheur qui a frappé le monde. Avec le narrateur, qui est un pilote (il ne faut pas oublier le fait qu'Antoine de Saint-

Exupéry est lui-même un aviateur), nous rencontrons le petit prince, habitant d'une autre planète, et nos réflexions d'enfance se réveillent peu à peu. « Les adultes ne comprennent rien », ne se rappellent pas avoir été enfant. C'est une conception symbolique de la vie qui, au fil des rencontres, raconte la nature humaine et ses défauts. De sorte que la lecture du *Petit Prince* à l'âge adulte apporte aussi de belles réflexions philosophiques, qui sont toujours d'actualité.

LES THÈMES
PRINCIPAUX

En voyageant sur les différentes planètes et en rencontrant les différents personnages, le petit prince change progressivement de mentalité. Finalement, le pilote (le narrateur) et le petit prince découvrent ensemble les secrets de la vie et de la mort.

Pendant son voyage, le petit prince rencontre beaucoup de gens et apprend de nombreuses choses qui vont changer sa compréhension du monde. Par exemple, il découvre que l'amour n'est pas toujours évident, comme le renard le dit : « On ne voit bien qu'avec le cœur. L'essentiel est invisible pour les yeux. » Le petit prince comprend que sa fleur l'a aimé qu'une fois parti de sa planète. Jusque-là, le petit prince y a vécu tout seul en ignorant la réalité, tout concentré qu'il était sur ses volcans et baobabs. Le petit prince fait également la connaissance de grandes personnes, qui sont pour lui très bizarres. Chacune présente une caractéristique différente : le roi, pour qui tous les gens sont des sujets, le vaniteux, qui pense être « l'homme le plus beau, le mieux habillé, le plus riche et le plus intelligent de la planète », etc. Autrement dit, le petit prince découvre pendant son voyage les différents aspects de la nature humaine. Il est devenu plus adulte : il découvre l'essence de la vie.

Le plus grand secret de la vie est le secret de l'amour et de l'amitié. Le renard montre ces secrets au petit prince. Il lui enseigne que tous les gens ont besoin de quelqu'un dans leur vie et l'importance d' « apprivoiser » quelqu'un : « Tu es responsable de ta rose. » Le petit prince se rend compte qu'il doit protéger sa fleur parce qu'elle est très faible et qu'elle a besoin de lui. L'essence de l'amour et de l'amitié des êtres humains est ici présentée : prendre soin des gens que nous aimons et faire tout pour qu'ils soient heureux.

L'autre chose importante est la mort du petit prince. Ce dernier permet au serpent de le mordre et prend volontairement son poison. Sa mort n'est pas considérée comme un suicide : « J'aurai l'air d'être mort et ce ne sera pas vrai... » Et mystérieusement, on ne peut pas non plus être sûr de la mort du petite prince, parce que, selon le narrateur, il sait « bien qu'il est revenu à sa planète, car, au lever du jour, [il n'a] pas retrouvé son corps ». Pour l'auteur, mais également pour les lecteurs qui comprennent déjà bien le voyage du petit prince, la mort du petit prince n'est pas du tout importante, parce qu'il va vivre toujours dans le cœur du lecteur.

Alors le petit prince a découvert tous les secrets de la vie. Il est certainement plus heureux qu'avant parce qu'il a trouvé l'amour et l'amitié. Nous pouvons croire que le petit prince est avec sa fleur (qui n'a pas été mangée par le mouton) et peut-être que lorsque nous regardons les étoiles, nous entendons le petit prince rire de ses grelots de joie.

ÉTUDE DU MOUVEMENT LITTÉRAIRE

Le Petit Prince est publié pendant la Seconde Guerre mondiale. À cette époque, l'existentialisme et le roman engagé représentent les courants principaux de la littérature. Par exemple, André Malraux (1901-1976) cherche à cerner la condition humaine à travers le récit des grandes secousses politiques de l'entre-deux-guerres, en Chine et en Espagne. Jean Giono (1895-1970) met en scène la tragédie dans des évocations lyriques et violentes d'une Provence largement imaginaire, d'abord à la limite du fantastique, puis plus philosophique.

Albert Camus (1913-1960) est un peu différent des autres romanciers. Il est longtemps considéré comme un existentialiste mais il dénie cette appartenance. Né en Algérie, il chante son pays dans *Noces*. Il questionne l'essence de l'existence et il exprime, dans ses romans *L'Étranger* et *La Peste*, la vision tragique de l'existence qu'il développe dans des traités philosophiques comme *Le Mythe de Sisyphe*. Dans ses romans, l'absurdité du monde est omniprésente.

Les romans d'Albert Camus donnent la plupart des caractéristiques du roman engagé : ils traitent les thématiques de la guerre et de la politique, ils mettent en question l'absurdité du monde et concluent sur le fait que la vie s'apparente à un non-sens.

Saint-Exupéry a aussi écrit des romans sous l'influence de ce courant : *Vol de nuit*, *Terre des hommes*, etc. Mais *Le Petit Prince*, un beau récit mondialement connu, répond à la question de l'absurdité du monde sous un angle différent. Il essaie, d'une certaine manière, de trouver le moyen de réveiller l'amour chez les individus, surtout chez les enfants. Pendant les deux guerres mondiales du XXe siècle, on a en quelque sorte oublié l'essence de l'amour. L'amitié a longtemps perdu son sens dans la société humaine. Les êtres humains pendant la guerre sont comme le petit prince qui s'apprête à quitter sa planète : ils ne savent plus comment aimer. En ce sens, le monde pour le petit prince n'est pas tout à fait un non-sens. La quête du sens du monde permet de devenir plus adulte. *Le Petit Prince* a apporté aux gens effrayés après les deux guerres un imaginaire délicat.

DANS LA MÊME COLLECTION
(par ordre alphabétique)

- **Anonyme**, *La Farce de Maître Pathelin*
- **Anouilh**, *Antigone*
- **Aragon**, *Aurélien*
- **Aragon**, *Le Paysan de Paris*
- **Austen**, *Raison et Sentiments*
- **Balzac**, *Illusions perdues*
- **Balzac**, *La Femme de trente ans*
- **Balzac**, *Le Colonel Chabert*
- **Balzac**, *Le Lys dans la vallée*
- **Balzac**, *Le Père Goriot*
- **Barbey d'Aurevilly**, *L'Ensorcelée*
- **Barbey d'Aurevilly**, *Les Diaboliques*
- **Bataille**, *Ma mère*
- **Baudelaire**, *Les Fleurs du Mal*
- **Baudelaire**, *Petits poèmes en prose*
- **Beaumarchais**, *Le Barbier de Séville*
- **Beaumarchais**, *Le Mariage de Figaro*
- **Beauvoir**, *Mémoires d'une jeune fille rangée*
- **Beckett**, *Fin de partie*
- **Brecht**, *La Noce*
- **Brecht**, *La Résistible ascension d'Arturo Ui*
- **Brecht**, *Mère Courage et ses enfants*
- **Breton**, *Nadja*
- **Brontë**, *Jane Eyre*
- **Camus**, *L'Étranger*
- **Carroll**, *Alice au pays des merveilles*
- **Céline**, *Mort à crédit*
- **Céline**, *Voyage au bout de la nuit*

- **Chateaubriand**, *Atala*
- **Chateaubriand**, *René*
- **Chrétien de Troyes**, *Perceval*
- **Cocteau**, *Les Enfants terribles*
- **Colette**, *Le Blé en herbe*
- **Corneille**, *Le Cid*
- **Crébillon fils**, *Les Égarements du cœur et de l'esprit*
- **Defoe**, *Robinson Crusoé*
- **Dickens**, *Oliver Twist*
- **Du Bellay**, *Les Regrets*
- **Dumas**, *Henri III et sa cour*
- **Duras**, *L'Amant*
- **Duras**, *La Pluie d'été*
- **Duras**, *Un barrage contre le Pacifique*
- **Flaubert**, *Bouvard et Pécuchet*
- **Flaubert**, *L'Éducation sentimentale*
- **Flaubert**, *Madame Bovary*
- **Flaubert**, *Salammbô*
- **Gary**, *La Vie devant soi*
- **Giraudoux**, *Électre*
- **Giraudoux**, *La Guerre de Troie n'aura pas lieu*
- **Gogol**, *Le Mariage*
- **Homère**, *L'Odyssée*
- **Hugo**, *Hernani*
- **Hugo**, *Les Misérables*
- **Hugo**, *Notre-Dame de Paris*
- **Huxley**, *Le Meilleur des mondes*
- **Jaccottet**, *À la lumière d'hiver*
- **James**, *Une vie à Londres*
- **Jarry**, *Ubu roi*
- **Kafka**, *La Métamorphose*
- **Kerouac**, *Sur la route*
- **Kessel**, *Le Lion*

- **La Fayette**, *La Princesse de Clèves*
- **Le Clézio**, *Mondo et autres histoires*
- **Levi**, *Si c'est un homme*
- **London**, *Croc-Blanc*
- **London**, *L'Appel de la forêt*
- **Maupassant**, *Boule de suif*
- **Maupassant**, *Le Horla*
- **Maupassant**, *Une vie*
- **Molière**, *Amphitryon*
- **Molière**, *Dom Juan*
- **Molière**, *L'Avare*
- **Molière**, *Le Malade imaginaire*
- **Molière**, *Le Tartuffe*
- **Molière**, *Les Fourberies de Scapin*
- **Musset**, *Les Caprices de Marianne*
- **Musset**, *Lorenzaccio*
- **Musset**, *On ne badine pas avec l'amour*
- **Perec**, *La Disparition*
- **Perec**, *Les Choses*
- **Perrault**, *Contes*
- **Prévert**, *Paroles*
- **Prévost**, *Manon Lescaut*
- **Proust**, *À l'ombre des jeunes filles en fleurs*
- **Proust**, *Albertine disparue*
- **Proust**, *Du côté de chez Swann*
- **Proust**, *Le Côté de Guermantes*
- **Proust**, *Le Temps retrouvé*
- **Proust**, *Sodome et Gomorrhe*
- **Proust**, *Un amour de Swann*
- **Queneau**, *Exercices de style*
- **Quignard**, *Tous les matins du monde*
- **Rabelais**, *Gargantua*
- **Rabelais**, *Pantagruel*

- **Racine**, *Andromaque*
- **Racine**, *Bérénice*
- **Racine**, *Britannicus*
- **Racine**, *Phèdre*
- **Renard**, *Poil de carotte*
- **Rimbaud**, *Une saison en enfer*
- **Sagan**, *Bonjour tristesse*
- **Sarraute**, *Enfance*
- **Sarraute**, *Tropismes*
- **Sartre**, *Huis clos*
- **Sartre**, *La Nausée*
- **Senghor**, *La Belle histoire de Leuk-le-lièvre*
- **Shakespeare**, *Roméo et Juliette*
- **Steinbeck**, *Les Raisins de la colère*
- **Stendhal**, *La Chartreuse de Parme*
- **Stendhal**, *Le Rouge et le Noir*
- **Verlaine**, *Romances sans paroles*
- **Verne**, *Une ville flottante*
- **Verne**, *Voyage au centre de la Terre*
- **Vian**, *J'irai cracher sur vos tombes*
- **Vian**, *L'Arrache-cœur*
- **Vian**, *L'Écume des jours*
- **Voltaire**, *Candide*
- **Voltaire**, *Micromégas*
- **Zola**, *Au Bonheur des Dames*
- **Zola**, *Germinal*
- **Zola**, *L'Argent*
- **Zola**, *L'Assommoir*
- **Zola**, *La Bête humaine*
- **Zola**, *Nana*
- **Zola**, *Pot-Bouille*